51
b 5043

DU
DROIT DE VIVRE
DE
LA PROPRIÉTÉ
ET
DU GARANTISME

IMPRIMERIE CLAYE ET TAILLEFER,
RUE SAINT-BENOÎT, 7.

DU DROIT DE VIVRE

DE LA

PROPRIÉTÉ

ET DU

GARANTISME

PAR M. PAUL DE JOUVENCEL

Protestons contre l'exploitation,
afin de mériter d'être absous du privilége.

PARIS

PAUL MASGANA, LIBRAIRE-ÉDITEUR

12, GALERIE DE L'ODÉON

Octobre 1847

DU
DROIT DE VIVRE
DE
LA PROPRIÉTÉ
ET
DU GARANTISME

LES RÉFORMATEURS ET LE GOUVERNEMENT.

Ils sont là, une demi-douzaine de sectes, rêvant, parlant, écrivant, prêchant, dogmatisant et querellant.

Communistes, — pénétrés d'amour pour un type idéal, et niant l'efficacité des efforts individuels, ils déclarent que, seul, l'État peut initier la société au progrès comme ils l'entendent.

Or, cela suppose que l'État doit d'abord être devenu communiste, c'est-à-dire que la majorité de la nation, ou du moins le corps électoral, doit d'abord être devenu communiste. D'ici là que faire ?

Attendre.

Mais voilà des mille ans que les peuples attendent.

Phalanstériens, — ils ont un système de réalisation immédiate. A les entendre, le monde va très-prochainement se convertir d'un bout à l'autre en communes sociétaires. Mais, pour commencer, ils espèrent toujours que le gouvernement va leur donner les moyens de faire un essai, — un phalanstère.

Or, le gouvernement ne leur donne à faire que des mois de prison et des amendes.

Agrariens,— ceux-là ne sont pas embarrassés de la transition; ils demandent que l'on partage le sol en autant de carrés égaux qu'il y a d'habitants. Et quand on leur représente qu'après dix ans, les naissances et les décès ayant dérangé l'équilibre du partage, il faudra donc recommencer, ils vous répondent que cela ne les inquiète point, et que les temps à venir s'arrangeront comme ils pourront.

Icariens, — ils sont dégoûtés du pays, l'esprit des voyages s'est emparé d'eux; ils veulent, loin des propriétaires et des capitalistes, fonder leur cité idéale; et il ne leur faut plus qu'un navire.

Radicaux, — quand on leur demande ce qu'ils veulent, ils répondent qu'ils ne veulent rien de ce qui est, — jusqu'à un certain point, cela est un mérite ; — mais quand on leur demande ce qu'ils mettraient à la place de ce qui est, si on les aidait à tout jeter à terre, ils répondent que cela s'arrangera tout seul.

Voilà un système d'organisation qui ne les met pas en grands frais d'intelligence ; mais il faut convenir que ce système est chanceux.

Quant aux saint-simoniens, il n'en est plus question ; ils ont mis leur doctrine dans leur poche, et elle s'y est transformée en billets de banque.

On blâme amèrement le pouvoir de ce qu'il ne fait rien dans la voie des réformes.— Je ne me charge pas de défendre le pouvoir, — mais je me demande si la moitié des torts n'est pas du côté de ceux qui proposent les réformes.

Je suppose que demain le roi Louis-Philippe ait résolu d'appeler à lui un ministère dont le programme soit : la réforme sociale.

Voici les doctes représentants des sectes diverses réunis aux Tuileries, et invités à proposer leurs systèmes.

Le roi. Messieurs, je vous écoute.

Premier opinant. Sire, je suis agrarien. Mon avis est que vous fassiez diviser les terres du royaume en autant de carrés égaux qu'il y a de citoyens. C'est la chose du monde la plus simple.

Deuxième opinant. Sire, n'écoutez pas ce malfaiteur, il nous ferait tous passer à vos yeux pour des pillards qui veulent déposséder ceux qui ont, et se mettre à leur place.— Je suis communiste, Sire, tout le mal vient de la propriété et du capital. Déclarons que l'État est propriétaire du sol et des capitaux ; déclarons que l'État est propriétaire de tous les instruments et de tous les fruits du travail ; déclarons enfin que tout homme a droit aux fruits de la terre et du travail, en proportion de ses besoins, à la seule condition de consacrer à la société tous ses efforts.

TROISIÈME OPINANT. Sire, n'écoutez pas ces gens-là. Ce sont eux qui font tant de mal aux idées nouvelles par leurs méchants propos sur les capitalistes et les propriétaires. D'ailleurs, leur système nie la liberté de l'homme, c'est facile à prouver.

Sire, je suis démocrate pacifique, j'attends depuis longtemps cette occasion de vous parler face à face, et à cœur ouvert. Entendez-moi seulement, et vous allez être aussitôt converti. — Nous associons le capital, le travail et le talent; la propriété subsiste, mais elle est représentée par des actions; dans la commune sociétaire tout marche harmoniquement; et, dès que vous connaîtrez bien notre système, vous abdiquerez pour venir marcher harmoniquement à la tête du groupe des politiques, que la papillonne vous fera quelquefois quitter, pour marcher à la tête du groupe des architectes et des ingénieurs.

QUATRIÈME OPINANT. Sire, n'écoutez pas cet homme. J'arrive de Bousac pour vous prémunir contre lui. Le maître dont il suit les leçons est un rêveur, un ignorant, un pédéraste.

TROISIÈME OPINANT. Vous êtes un calomniateur...

QUATRIÈME OPINANT. Sire, lisez ma Revue, et vous en jugerez.

LE ROI. Messieurs, est-ce là tout ce que vous avez à me proposer? — Vous qui ne dites rien, qui êtes-vous?

CINQUIÈME OPINANT. Je suis radical.

LE ROI. Ah! oui. En 1832 vous étiez républicain. Vous avez fait quelques années au Mont-Saint-Michel, n'est-ce pas?

Cinquième opinant. Oui, et je suis resté patriote incorruptible.

Le roi. Eh bien ! approchez. Nous vieillissons tous, et nous sommes tous fils de la Révolution, peut-être y aura-t-il moyen de s'entendre. Ne vous ai-je pas amnistié déjà ?

Cinquième opinant. Oui, mais j'ai perdu au Mont-Saint-Michel mes cheveux et mes dents ; je suis perclus et je suis poitrinaire.

Le roi. Ah ! vous nous avez donné bien des inquiétudes jadis. Enfin, dites-nous votre avis.

Cinquième opinant. Tous les gens que vous avez entendus jusqu'à présent sont des rêve-creux. Il n'y a qu'une chose à faire, — la réforme électorale.

Un opinant. Et qu'en ferez-vous de cette réforme électorale ?

Cinquième opinant. Je serai nommé député et ministre.

Autre opinant. Qu'est-ce que cela nous fait ?

Cinquième opinant. J'abolirai les lois de septembre.

Un opinant. Et après ?

Cinquième opinant. Je casserai la Charte. Je ferai la guerre à toute l'Europe.

Un opinant. Et après ?

Cinquième opinant. Nous verrons.

Tous les précédents. Vous n'êtes qu'un

arriéré, un politique, un ambitieux... A la porte... à la porte.

SIXIÈME OPINANT. Sire, je suis Icarien, donnez-moi un navire. Je veux aller m'établir en Icarie. Il n'y a rien de bon à faire ici.

DEUXIÈME OPINANT. Sire, gardez vos vaisseaux. Vous n'en avez pas de trop. Vous savez même que dernièrement vous n'aviez pas assez de charbon pour faire marcher un vapeur. D'ailleurs, cet homme-là chante une barcarolle qui ressemble aux chansons d'opéra.

<blockquote>
Partons,
Volons,
Courons,
</blockquote>

et ils restent à la même place jusqu'à la fin de la comédie. — Gageons que vous lui donneriez dix navires, qu'il ne partirait pas.

LE ROI. Messieurs, vous m'avez fort intéressé. Mais, comme après tout, mon gouvernement marche tant bien que mal, tandis que si je suivais l'avis d'un de vous, il ne marcherait pas du tout, je vais m'occuper un peu de ma question d'Espagne et de ma question d'Italie en attendant que vous soyez d'accord.

Je n'attaque aucune doctrine. Je soutiens même qu'il y a quelque chose d'excellent dans chacune d'elles.

Ce qu'il y a d'excellent dans le communisme, c'est la tendance à l'égalité des conditions; c'est le désintéressement profond, c'est l'amour ardent de l'humanité dont s'inspirent ceux qui le professent, — quoi qu'on en dise.

Ce qu'il y a d'excellent dans l'école sociétaire, c'est la tendance au développement le plus extrême de la liberté et de l'individualité humaine; c'est, dans ceux qui la professent, l'esprit de modération et d'impartialité, l'esprit d'ordre et de douceur, le sentiment gouvernemental poussé jusqu'à l'abnégation, jusqu'au dédain de la popularité, jusqu'à l'excès, jusqu'au point d'être obligé, après une longue erreur, d'en demander noblement pardon à leurs amis.

Ce qu'il y a d'excellent dans le radicalisme, c'est l'esprit qui le porte à réclamer l'introduction du peuple dans les affaires; c'est la tradition révolutionnaire indomptablement suivie et proclamée; c'est le souci ardent de l'honneur national.

Mais, où est l'école, où sont les hommes qui seraient en mesure d'inspirer le pouvoir, s'il lui venait en tête de réaliser un progrès notable quelconque?

Il n'y en a pas.

Je vais plus loin : — je suppose que, pour un jour, tous les opposants, tous les mécontents, tous les violents, se réunissent dans une attaque contre le gouvernement.

Je suppose que cette attaque triomphe.

Voilà la révolution faite, et les voilà assemblés à l'Hôtel de Ville.

Qu'est-ce que cette coalition pourrait établir ?

Rien.

Dans l'état actuel d'hostilité où se trouvent les diverses écoles réformatrices, quels résultats sortiraient de cette révolution ?

Aucun.

Je me trompe, — il en sortirait la guerre civile.

Je vais le prouver.

D'accord ou non sur les prémisses, les diverses écoles socialistes s'accordent sur ce point : modifier profondément l'état actuel de la propriété.

Examinons : 1º Quelle est la valeur philosophique du droit actuel de propriété; 2º s'il est possible d'abolir ce droit; 3º s'il serait utile qu'on l'abolît.

§ 1. *Droit de propriété.*

En thèse générale, qu'est-ce que le droit considéré dans la loi ?

C'est la moyenne proportionnelle entre le fait et la morale.

Développée :

Le droit, c'est la moralité obligatoire de l'activité humaine.

La morale, c'est le droit de la pensée.

Au point de départ de l'homme, le droit et la morale sont confondus et d'accord dans le fait de force, et c'est ce qu'on appelle très-justement *le droit du plus fort.*

Mais la pensée de l'homme, jouissant d'une liberté plus grande que celle qui est permise à son activité, se développe, *se moralise* plus rapidement, et trouve plus tôt sa loi. — Partout, nous voyons la morale très en avant du droit.

Toutefois, la morale étant progressive, la formule du droit doit progresser également, jusqu'à ce que la morale étant parvenue un jour à son summum divin, le fait et le droit l'aient lentement rejointe et soient identiques avec elle.

Ce sera l'âge mûr de l'humanité.

D'où vient la propriété ? — Du droit du plus fort.

A ce mot, *droit du plus fort*, répété pour la seconde fois, je sens que le cœur de l'homme de mon temps se révolte, — le battement de mon cœur est d'accord avec le sien.

Et pourtant j'affirme qu'au point de départ de l'homme, le droit du plus fort est moral, c'est-à-dire qu'il est juste.

Quelle est la fonction de l'homme ici-bas ?

Lutter avec la matière et la dompter, pour

l'assujettir à la loi morale du développement humain.

Dans l'origine, quand tout est à faire, quand la forêt, le torrent, la bête fauve et la tempête sont ligués contre lui, quand l'herbe elle-même est pleine de dangers, quand la lutte est incessante et terrible, quand il faut opposer la force d'Hercule à la force d'Antée, et la cruauté de l'homme à la cruauté du tigre, le fort est l'homme de Dieu. C'est autour de lui, sous sa large main que se pressent la femme et l'enfant, le vieillard et tous les faibles ; si le faible se trouve sous son passage et lui fait obstacle, malheur au faible ! Si le faible ne se soumet pas, il faut qu'il périsse ; car en l'état violent de barbarie, c'est dans le fort que réside la vertu et l'espoir de la race ; c'est lui seul qui peut suivre le premier précepte de la loi providentielle. — Arracher la forêt pour faire alliance avec le soleil et combattre au grand jour, lutter contre le torrent, exterminer le tigre, déchirer le flanc vierge de la terre, et brûler le serpent dans l'herbe empoisonnée.

Quand Arioviste disait : Depuis quatorze ans que j'ai franchi le Rhin, pas un de mes soldats, ni moi, n'a couché sous d'autre toit que le ciel ! — le terrible Germain attestait, sans le savoir, la moralité du droit des Barbares sur l'empire Romain.

Le vieux monde oisif dans la pourpre était corrompu jusqu'au cœur; il lui fallait de rudes maîtres qui, par le droit du plus fort, lui imposassent la patience, le travail et tout le fonds austère de la vie.

Le droit du plus fort appliqué à l'homme, produit l'inégalité devant la loi, depuis celle qui séparait le Spartiate de l'Ilote, jusqu'à celle qui sépare le riche du prolétaire moderne.

Le droit du plus fort appliqué à la matière, produit la propriété.

Après l'invasion de la Gaule par les Barbares, tout fut organisé par le droit du plus fort. Le soldat frank fut maître de l'homme et maître de la terre ; il appela la terre son fief, et l'homme son serf.

Nul autre que lui ne pouvait posséder la terre ; et nul autre que lui ne se possédait soi-même.

De longs siècles s'écoulèrent lentement pendant lesquels cette nation, courbée, pensait.

Tout à coup cette nation se releva, protesta, à la face du ciel, contre le droit du plus fort appliqué à l'homme — l'inégalité — et le déclara brisé. — C'était la révolution.

Elle inaugura pour l'homme un droit supérieur au droit du plus fort; mais elle laissa debout le droit du plus fort appliqué à la matière — c'est-à-dire : la propriété.

Parce qu'elle sentit bien, la grande philosophe, que l'homme n'est pas encore assez avancé, assez moral, pour qu'un droit plus avancé puisse être établi sur la matière.

Parce que la matière elle-même doit être encore longtemps domptée et nivelée par le droit du plus fort.

Parce que la substitution de la formule égalitaire à la formule barbare, était le sommaire d'un immense travail qui devait durer des siècles, — nous en avons la preuve, —

et tant que le droit du plus fort n'aurait pas été entièrement extirpé des relations de l'homme avec l'homme, il n'y avait pas lieu de donner un nouveau droit à la matière.

C'est donc à l'extirpation du droit du plus fort dans les relations des hommes entre eux, que doivent être vouées toutes nos puissances; c'est là le grand travail qui nous est imposé.

———

§ 2. *Est-il possible, maintenant, d'abolir la propriété?*

Si parfait que soit un principe, il ne saurait être appliqué à une société, c'est-à-dire converti en loi, s'il est contraire au sentiment très-général du pays. Ainsi, pour que de notre temps l'abolition du droit de propriété fût possible, il faudrait que ce droit fût réprouvé par le sentiment général.

Or, je le demande à tous, le droit de propriété est-il contraire au vœu de la majorité? — Évidemment ce droit est conforme au vœu de l'immense majorité.

Par conséquent la loi qui l'abolirait serait injuste pour le temps et inapplicable.

Maintenant je suppose que le droit de propriété soit démontré infâme, je suppose que des hommes, prenant cette démonstration pour symbole, aient renversé le pouvoir actuel et décrété l'abolition du droit de propriété.

Il ne suffit pas de décréter, il faut réaliser. — S'il suffisait de décréter, tous les hommes seraient égaux, car la Révolution les a déclarés tels.

Voici donc la loi promulguée. Les propriétaires résistent, et la force armée s'avance pour les déposséder.

On aurait bon marché du grand propriétaire; il s'enfuirait avec son or, ses bijoux et son portefeuille, en invoquant les Dieux. Mais les grands propriétaires sont très-peu nombreux.

La plus grande partie du sol est divisée en moyenne et petite propriété. La moyenne propriété est aux bourgeois, et la petite propriété est aux simples laboureurs.

Comment imagine-t-on que ces forts ouvriers des campagnes, ces hommes durs et courageux qui nous donnent les trois quarts de nos soldats, comment s'imagine-t-on qu'ils recevraient les envoyés de la loi nouvelle?

Ils les recevraient à coups de fusil, à coups de fourche, et se feraient tuer jusqu'au dernier plutôt que d'obéir.

Je me trompe, — ils tueraient les envoyés jusqu'au dernier. Car ces laboureurs réunis aux bourgeois, combattant pour la même cause, sur leurs champs alliés, seraient invincibles.

Et après une guerre sauvage, des convulsions atroces, la France bouleversée, déchirée, incendiée, retomberait dans son sang, incapable de tout enfantement heureux, de toute forte besogne, pour cinq cents ans peut-être.

Les ouvriers des villes, et tous ceux qui protestent contre la propriété, ne savent pas bien ce qu'elle signifie pour l'ouvrier des campagnes, le cultivateur.

L'ère révolutionnaire, la protestation contre l'inégalité, a commencé, pour l'ouvrier des villes, plusieurs siècles avant la révolution.

L'ouvrier des villes combat et conquiert pour la liberté, depuis l'affranchissement des communes. Mêlé au mouvement de la civilisation partout où ce mouvement s'agite, il a depuis longtemps conscience pleine et entière de sa dignité de citoyen. C'est l'aristocratie du prolétariat.

Tandis que le campagnard n'est libre que d'hier, son grand-père était corvéable, et son père ne rencontre jamais le fils des nobles sans ôter son chapeau jusqu'à terre; lui, il garde son chapeau et passe en sifflotant.

Avant la Révolution, le paysan ignorait la propriété; il n'en connaissait que la rente qu'il lui fallait payer. Le champ qu'il possède aujourd'hui, c'est pour lui le signe même de sa dignité nouvelle d'homme libre, et pour beaucoup c'est plus : c'est une dépouille des oppresseurs, un gage de la victoire. — On sait qu'à l'époque de la Révolution, les paysans, en grand nombre, ont gardé les maisons et les champs qu'ils tenaient à bail de leurs seigneurs, sans que les pouvoirs nouveaux, qui voulaient les intéresser au triomphe de la Révolution, leur réclamassent rien.

§ 3. *L'abolition du droit de propriété produirait-elle les résultats qu'on en attend?*

Qu'y a-t-il au fond des justes réclamations du peuple ?

La haine de l'inégalité des conditions, la haine de cette inégalité révoltante : les uns mangeant du pain d'or, les autres n'ayant pas même du pain de chien; les uns couchés sur le velours, les autres sur la cendre.

Et c'est pour détruire l'inégalité qu'on attaque la propriété.

On pense qu'elle est la cause de l'inégalité.

ERREUR PROFONDE.

Ce n'est pas la propriété qui cause l'inégalité des conditions sociales. Et si l'on abolissait la propriété, l'inégalité ne serait pas détruite.

Je soutiens même qu'elle augmenterait.

Interrogeons l'histoire.

Ce fut aussi la haine de l'inégalité qui souleva nos pères.

Il y avait alors un grand signe d'inégalité : c'était la qualité de noble.

Le peuple s'est levé ; la noblesse est tombée. — L'inégalité fut-elle détruite ?

Au contraire, elle devint plus grande. J'affirme qu'aujourd'hui l'inégalité sociale est plus choquante et plus oppressive qu'avant la Révolution.

Voici pourquoi :

Avant la Révolution, je parle des derniers temps, il y avait deux éléments de puissance hors ligne, la noblesse et le grand capital. Ces deux éléments se combattaient. La noblesse dédaignait et refoulait l'homme d'argent, et s'il abusait, elle signait une lettre de cachet et le jetait dans une bastille.

Mais la noblesse guerrière et prodigue, folle de luxe et d'orgueil, se ruinait avec une verve sans égale, et, une fois ruinée, il lui fallait avoir recours à l'homme d'argent. Alors, à son tour, l'homme d'argent humiliait la noblesse, et dans cette lutte des deux puissances, l'une annihilait l'autre jusqu'à un certain point.

Aujourd'hui, il y a une seule puissance, la richesse, qui peut tout, qui fait tout, qui dispose de tout; qui a ramassé l'orgueil de la noblesse, et l'a doublé de sa vieille insolence ; qui, à la place des grands châteaux où les nobles avaient des aumôniers, traitaient généreusement un grand nombre de gens et donnaient les invalides à leurs vieux serviteurs, a bâti de petites maisons sordides et méfiantes, où l'on a remplacé l'aumônier par un dogue, et d'où l'on jette à la porte les vieux domestiques.

L'inégalité des conditions est aujourd'hui plus froissante qu'elle ne l'était alors.

Eh bien ! abolissez la propriété, aurez-vous aboli l'inégalité ?

Non.

Car, en ce moment, il y a trois sortes de riches qui se partagent tout le bonheur social.

1° Les grands propriétaires du sol ; 2° les

grands capitalistes ; 3° les gens qui tirent d'énormes profits de leurs talents, petits ou grands.

Abolissez le droit de propriété sur le sol, immédiatement vous diminuez d'un tiers le nombre de ceux qui se partagent la bonne place au soleil, et il en résulte seulement ceci : que les grands capitalistes et les hommes de talent seront les seuls à se partager le soleil. Ils auront plus de place, plus de pouvoir qu'ils n'en ont maintenant, mais soyez sûrs que vous, prolétaires, vous n'en aurez pas davantage.

Ce n'est pas la propriété qui cause l'excessive inégalité des conditions.

Cette excessive inégalité vient de l'emploi du droit du plus fort dans les relations d'homme à homme, — droit qui a cessé d'être juste dans cet ordre de faits.

Le propriétaire n'est pas le plus fort parce qu'il est propriétaire, mais il est propriétaire parce qu'il est le plus fort.

La question est d'empêcher le plus fort, quel qu'il soit, d'employer la force dans ses relations avec le faible.

CONCLUSION DE CE QUI PRÉCÈDE.

Tout système qui a pour objet de changer radicalement, et d'un bloc, la société et ses conditions d'existence, est absolument irréalisable.

Ces systèmes sont des machines sociales fort belles, comme idéal, je le veux ; mais par cela même qu'elles sont plus parfaites, il leur faut des rouages d'une matière plus parfaite. Or, la matière dont se font les rouages de toute machine sociale, c'est l'homme.

Et l'homme actuel n'est ni assez instruit ni assez perfectionné, physiquement et moralement, pour la réalisation d'un système parfait.

N'y a-t-il rien à faire ? Sommes-nous irrévocablement condamnés, les uns, à bâtir des maisons où ils ne trouveront point d'abri, à semer des champs où ils ne trouveront pas de pain ; les autres, à se barricader dans leurs maisons, et à tenir des échafauds prêts si le blé vient à manquer.

Génération fille de 1830, sommes-nous condamnés à ne laisser dans l'humanité d'autres traces de notre passage qu'une malédiction de plus à la destinée, une page de plus ajoutée au livre effrayant du désespoir ?

Non, non, ayons plus d'espérance, et mesurons mieux nos forces. Abandonnons en pratique la poursuite d'idéalités irréalisables; mais cherchons *le progrès possible*, et réunissons les efforts de tous pour l'obtenir. Il ne s'agit que de vouloir.

Je sais que beaucoup, amoureux de leur idéal, dédaignent le progrès. Peuple! ne les écoute pas. Rappelle-toi la fable du héron. — Il dédaignait carpe et brochet; — lui aussi poursuivait un idéal, et il alla se coucher sans souper.

Tâchons qu'avant de se coucher dans la terre, notre génération soupe au moins d'un peu de bien-être et de gloire.

———

Il faut reprendre les doctrines de la Révolution.

Liberté, égalité, fraternité, propriété.

Avant de condamner cette formule, dont l'explosion arracha de sa triple assise, — le trône, la noblesse et l'Eglise, — et fit voler en éclats un édifice social de mille ans de profondeur ; avant de condamner cette formule, qui fit de notre drapeau révolutionnaire le signe flamboyant de l'affranchissement universel, — épuisons donc ce qu'elle contient.

Hommes qui demandez quelque chose de

mieux que cette formule, l'avez-vous bien comprise?

Avez-vous épuisé les ressources de la liberté?

Avez-vous bien compris et défini l'égalité avant de faire des systèmes sur elle?

Avez-vous recherché, appliqué, développé la fraternité comme l'entendaient vos pères?

Êtes-vous sûrs que la Révolution s'est égarée, s'est trompée sur les besoins et les tendances générales actuelles de l'homme, en affirmant la propriété.

Reprenons cette glorieuse formule, et voyons ce qu'elle peut nous donner.

Dans un pays de discussion, un progrès légal quelconque n'est possible que lorsqu'il réalise une idée devenue générale.

Mais soyez sûrs qu'en matière sociale, lorsqu'un mot est dans toutes les bouches, il correspond à une idée comprise de tous; et lorsqu'une idée est comprise de tous, soyez sûrs qu'elle correspond à une réalisation possible.

Par conséquent, sans s'occuper des différences de doctrine, s'il existe en ce moment dans les diverses doctrines un fonds d'idée qui soit commun à toutes, c'est là ce qui constitue l'idée générale actuelle, c'est là ce qui correspond à un progrès immédiatement réalisable.

C'est ce fonds commun que je vais m'efforcer de dégager.

Errante sur le vaste océan du possible, plongée dans la nuit de l'ignorance, incessamment battue par des tempêtes d'erreurs, sans autre boussole que la raison, sans autre étoile qu'une flamme mystérieuse dont la lueur divine s'éclipse trop souvent dans les épaisses ténèbres du mal, — où donc l'humanité, conduite par quelques pilotes pleins de doute et quelques rameurs que le flot incessamment emporte, où donc l'humanité va-t-elle dans l'inconnu ?

A L'ASSOCIATION UNIVERSELLE.

Quelle route l'y conduira ?

La FRATERNITÉ dans l'IDÉE — réalisée par la SOLIDARITÉ dans le FAIT.

Donc, tous les efforts de l'homme doivent s'appliquer à réaliser la solidarité humaine ; et toute réalisation plus complète de la solidarité est un progrès certain.

Si vous voulez connaître ce qui est possible, interrogez la conscience de la nation ; et elle vous répondra.

Écoutez ce qui se dit autour de vous, — voici ce que vous entendrez.

Le pauvre qui n'a pas d'autre bien que la vie demande qu'on lui *garantisse* qu'il vivra.

L'intelligent demande que l'on *garantisse* à tous l'instruction primaire, au moins.

Le savant demande qu'on lui *garantisse* l'emploi de sa science.

Le travailleur demande qu'on lui *garantisse* du travail.

Le riche déclare qu'il ne s'oppose pas au progrès quel qu'il soit, pourvu qu'on lui *garantisse* qu'il ne sera pas dépouillé.

Prenez un journal, un livre quelconque inspiré de la situation, vous lirez le mot *garantir* à toutes les pages.

Toutes les écoles socialistes demandent qu'on décrète le *Droit au travail*, et toutes entendent par là que l'on *garantisse le droit de vivre*.

Garantir, voilà l'idée générale de notre temps.

Être garanti, voilà le besoin général.

Ainsi donc, indépendamment des différences de doctrines, vous tous, fouriéristes, communistes, radicaux, bourgeois et prolétaires, riches et pauvres, vous demandez tous que l'on vous *garantisse*, vous trouvez que l'état actuel des choses ne *garantit* rien, vous voudriez un pouvoir, un gouvernement *garantiste*, et vous êtes tous *garantistes* en théorie.

Il s'agit de l'être dans le fait.

Garantir ! — Qu'est-ce que ce mot contient ?

Dans la société actuelle, l'homme a pour base d'action, à l'égard de tous, la concurrence en tout. De sorte que, non-seulement il ne doit attendre son bonheur que de lui seul, mais il est réduit à ses seules forces pour combattre le malheur.

Dans l'association absolue, l'homme aura pour base d'action, l'association en tout. De sorte qu'il sera associé, non-seulement contre le malheur, mais encore pour le bonheur.

Garantir, signifie : associer les hommes, — non pas pour le bonheur en ce sens qu'on leur garantisse qu'ils seront heureux, ce qui ne serait possible que par l'association universelle impossible aujourd'hui, mais, — associer les hommes contre le malheur. De telle sorte que l'homme, au lieu d'être absolument isolé comme aujourd'hui, et abandonné à son effort individuel, soit assuré par la société contre le malheur matériel absolu, — la faim, et contre le malheur moral absolu, — l'ignorance.

Le point de départ serait ainsi changé. Au lieu d'avoir à combattre d'abord la faim et l'ignorance, l'homme pourrait employer ses forces, dès l'origine, à acquérir le bien-être et la science ; c'est-à-dire le bonheur.

L'homme, dans ce système, serait donc mis à moitié chemin de l'effroyable distance qui le sépare aujourd'hui du bonheur.

DU GARANTISME.

Quelles sont les bases principales d'un système garantiste ?

Garantir à chacun, lorsqu'il ne trouve pas mieux, un travail payé d'après une détermination générale, et, si l'on n'a pas de travail à lui donner, garantir chacun contre le besoin.

Garantir à l'enfant un minimum d'instruction auquel on consacre un temps pendant lequel l'enfant est nourri par l'État.

Garantir à tout vieux travailleur une retraite semblable à celle du soldat.

Garantir au peuple qu'il ne fera pas seul

le service militaire, — on lui prend sept des plus belles années de sa vie, à lui qui a tant besoin de toute sa jeunesse pour préparer des ressources à sa vieillesse ! — Une législation garantiste, par un système nouveau de recrutement, se rapprochera le plus possible de l'époque où tout homme valide devra passer un même temps sous le drapeau.

Garantir à tous, hommes et femmes, le développement parallèle des forces du corps et des forces de l'esprit, en associant, dans toutes les écoles, la gymnastique à l'éducation intellectuelle.

Garantir à toute science, toute théorie nouvelle, sociale ou autre, les moyens d'expérimentation et de développement.

Etc.

Etc.

Un système de garantisme exige-t-il l'initiative du gouvernement ?

L'initiative du gouvernement est nécessaire pour la réalisation complète du système, mais elle n'est pas indispensable pour sa réalisation partielle.

Comment peut-on réaliser le garantisme ?

S'il s'agit de la réalisation par l'État, les moyens ne manqueront pas.

Voici sur quels principes ils devront être basés :

En thèse générale :

Le fort a plus de force qu'il ne lui en faut pour lui seul.

L'intelligent, plus de pensées qu'il n'en peut appliquer, réaliser à lui seul.

Le laborieux, plus de résultats qu'il n'en peut consommer à lui seul.

On ne peut pas exiger du fort, de l'intelligent, du laborieux, qu'ils se dévouent, qu'ils se sacrifient ; mais, en vertu de la fraternité, le fort doit au faible une part du superflu de sa force.

L'intelligent doit au stupide une part du superflu de sa prévoyance.

Le laborieux doit à celui qui est incapable de produire une part du superflu de ses produits.

Et au point de vue de l'intérêt des forts, cela est bien fait.

Car tant qu'il y a des faibles opprimés, le fort peut craindre de les voir se liguer contre lui et l'accabler sous le nombre.

Tant qu'il y a des misérables sans pain, le riche, qui va se mettre à table, peut craindre que les affamés ne l'empêchent d'achever son repas.

Tant qu'il y a des ignorants, l'intelligent, le savant, ne jouissent pas complétement de leur instruction, de leur intelligence.

D'ailleurs, tout homme fort ou riche, ou intelligent, doit penser que, peut-être, la part de sa substance qu'il apporte à la garantie sociale, nourrit un faible, un pauvre ou un stupide dont, un jour, le fils, rangé parmi les forts, servira la même part fraternelle au fils du riche devenu pauvre.

Or, comme tout homme peut en trouver un autre plus pauvre, ou plus faible, ou plus ignorant, ou plus incapable que lui, tous doivent à tous une part proportionnelle de leurs facultés.

Mais comme le besoin que chacun a de tous est ordinairement inverse de ses facultés, ce n'est pas en raison proportionnelle de sa contribution que chacun a droit au secours social, c'est en raison de son besoin.

Et comme il ne faut pas que le droit fraternel du faible sur le fort se tourne en oppression, nul, pouvant travailler, n'a droit au secours social qu'en mettant ses forces à la disposition de la société ; — que si la société n'a pas de travail à donner, c'est son tort, et elle n'en doit pas moins le prix du travail.

Si l'homme qui réclame le pain social ne veut pas travailler, qu'on lui donne du pain, mais qu'il le mange en prison. La société lui doit toujours le vivre et le couvert, mais elle a droit de se garantir contre lui, — car l'homme oisif porte dans sa main gauche le vice, et dans sa droite le crime.

Qu'il aille donc en prison, et qu'on lui refuse la société de ses semblables et la lumière du jour.

Mais il faudra des millions?

Sans doute. Mais à quoi donc, je vous prie, peuvent mieux servir les millions qu'à nourrir et instruire la nation ?

Comment se procurera-t-on ces millions?

Ce n'est pas là la question. La question est de savoir si la chose doit être faite : une fois ceci convenu, les moyens d'exécution sont tout prêts dans le système d'administration actuel.

Ainsi, par exemple, on pourrait faire un prélèvement général d'un dixième sur tous les impôts, ce qui serait appelé le dixième de garantie.

Ainsi, on pourrait faire payer une contribution quelconque à tous les citoyens sur le salaire et les fruits de leur travail, de leurs propriétés et de leurs capitaux, laquelle serait également appelée l'impôt de garantie.

Comment prélever des millions sur le budget qui est déjà insuffisant ?

Insuffisant, c'est bon à dire, mais on trouve bien moyen d'y suffire par les emprunts, et on empruntera un peu plus, voilà tout.

Mais on ne trouvera pas à négocier l'emprunt ?

On trouve maintenant à emprunter *pour*

dépenser dans un système qui n'inspire grande confiance à personne ; on trouvera donc bien plus de prêteurs encore, quand on empruntera *pour faire travailler* dans un système où tout le monde sera garanti.

Comment percevoir ces nouveaux impôts sur les fruits du travail et des propriétés ?

Je vous répète que si la chose est reconnue nécessaire, rien ne sera plus facile. C'est l'affaire de deux ou trois lois.

Mais ces impôts écrasants amèneraient une révolution ?

Ils ne produiraient pas même une émeute.

Sont-ce les rentiers qui feront une révolution ? Ils ne feront jamais que des jérémiades. D'ailleurs le pays tout entier serait ravi de les voir soumis comme tout le monde à l'impôt. Sont-ce les propriétaires qui feraient une révolution? Contre qui? contre eux-mêmes; car s'il y avait une révolution en ce sens, et provoquée par les propriétaires, ils risqueraient que ce ne fût plus seulement le dixième de leurs revenus qu'on leur demandât. Ils le savent bien : ils paieraient. — Quant aux fonctionnaires, cela va tout seul. Ceux qui ont de gros appointements ne sont pas à plaindre, et ceux qui végètent dans les paperasses participeraient trop aux avantages du nouveau système pour se plaindre.

D'ailleurs, il ne s'agit pas de réaliser d'un seul coup cet ensemble, il s'agit seulement d'entrer dans cette voie.

Mais comment fera-t-on pour donner du travail aux ouvriers qui en manquent?

Il y aura des ateliers nationaux dans chaque arrondissement, et l'intérêt de l'État, l'attention dirigée sur cette question, la pratique et l'étude, feront bien vite découvrir la meilleure organisation possible de ces ateliers.

Surtout on s'appliquera à défricher la terre. On établira des centres agricoles partout où il y a des marais, des landes et des bruyères à mettre en culture ou des montagnes à reboiser, et par le moyen des chemins de fer on y transportera, pendant la morte-saison des villes, les ouvriers industriels qui réclameront le travail de l'État. Après la mortesaison, ils seront libres de revenir, on leur donnera le passage gratis.

Mais ces ateliers pourront-ils entrer en lutte avec l'industrie privée?

La question n'est pas là. Il ne s'agit pas de faire une spéculation par l'atelier national, il s'agit de donner du travail et du pain à celui qui en manque et d'utiliser ses forces afin de rendre cette charge moins onéreuse pour l'État.

Comment donner une retraite à tous les ouvriers invalides?

L'État, au moyen d'un prélèvement sur leur salaire, a trouvé moyen d'organiser un système semblable pour ses militaires, ses marins et ses employés.

Faites de même un prélèvement, et organisez de même.

Vous êtes prévoyants pour les porte-baïonnettes et les porte-plumes, parce que vous avez besoin de soldats pour vous défendre, et d'écrivains pour supputer, calculer, tripoter et embrouiller les chiffres du budget; souvenez-vous que la société a besoin avant tout de l'ouvrier pour subsister.

Comment envoyer tous les enfants à l'école? quelle dépense! et si les pères ne veulent pas?

Les pères ne veulent guère non plus envoyer leurs fils sous les drapeaux. Cependant vous savez bien les y forcer. Et alors vous n'êtes plus embarrassés de les nourrir.

Puisque l'on sait si bien forcer les pères à donner leurs enfants pour les faire tuer par le canon, sachons de même les leur prendre un an ou deux pour les faire vivre par l'intelligence, nous en serons bien récompensés. — Un homme intelligent vaut mieux qu'un stupide, soit qu'il s'agisse du mousquet, de la charrue ou de la lime.

Tout ceci forme un vaste système garantiste dont la réalisation progressive est possible dès maintenant ; car ce système ne sort en rien des conditions d'existence de la société actuelle.

Il sera réalisé nécessairement, parce que c'est le besoin général.

Mais cette réalisation complète demande l'intervention de l'État, et, par nos procédés législatifs et le temps qui court, il faut croire que la chose sera longue à venir.

Comment donc, indépendamment de l'État, arriver à une réalisation partielle du système?

Que tous ceux de la classe riche ou moyenne, qui sont animés de l'amour de leurs semblables et du sentiment des droits du peuple, se réunissent à tous ceux du peuple qui voudront venir à eux.

Qu'ils promulguent entre eux la loi garantiste, et que tous prélèvent sur eux-mêmes l'impôt de garantie.

Que cet impôt soit versé dans des caisses communes, entre les mains d'un agent comptable et solvable sur caution. Qu'ils fixent un minimum, et qu'ils se garantissent entre eux :

Du travail et du pain,

L'instruction primaire pour leurs enfants,

La retraite d'invalide.

Qu'il y ait des médecins, des gens instruits, des aubergistes, qui donnent, en outre, les uns une partie de leur temps, les autres leurs services sur des bases convenues. — Je ne parle pas des avocats, cela se trouve partout.

Que, en outre de l'instruction primaire aux enfants des associés, il y ait des cours le dimanche pour les associés adultes.

Que ces cours aient pour objet de développer chez le peuple le sentiment du droit et la tradition patriotique.

Que les pères et les mères, la femme et les enfants de chaque associé soient garantis avec lui.

Que nul discours, nul acte, nul écrit, ne puisse inquiéter le pouvoir.

Que le pouvoir soit constamment sollicité

de se mettre lui-même à la tête de l'idée garantiste, —

Et l'exemple du droit fraternel reconnu et proclamé répandra l'association garantiste comme la flamme.

Comment le peuple recevrait-il un tel système social ?

Comment l'ouvrier jugerait-il la proposition qui lui serait faite d'apporter, à une masse commune, le dixième de son modique salaire avec le dixième de l'aisance d'un riche ou de l'ample salaire d'un privilégié ?

Jugerait-il que le riche, qui met son dixième en commun avec la petite contribution de l'ouvrier, lorsque néanmoins c'est l'ouvrier qui sera certainement appelé à prélever tout ou presque tout le contenu de la caisse, jugerait-il que le riche fait une grosse aumône, un acte de charité?

J'espère que la conscience du droit est assez répandue dans la nation pour que le dernier ouvrier ayant lu ce qui précède, comprenne que c'est en vertu du droit, et non par charité, que le riche doit garantir le pauvre.

Et, tout riche, tout privilégié qui entrerait dans une semblable association en croyant faire acte de charité, trahirait le principe même de l'association.

Mais, cependant, puisque aucune loi n'oblige à ce sacrifice, n'est-ce pas un acte de la même nature que celui du catholique qui fait une aumône?

Charité? aumône?... arrière!

Les hommes sont solidaires, — voilà le principe.

Ce qui signifie que c'est un droit pour le faible d'être protégé par le fort,

Un droit pour l'ignorant d'être instruit par le savant,

Un droit pour tous de demander à la société du travail, et d'en recevoir en échange la satisfaction de leurs besoins.

Qu'importe que ces vérités ne soient point écrites dans les codes ? elles sont écrites dans la conscience de tout homme qui n'est point pervers.

Et si la loi actuelle ne les consacre point, la loi actuelle n'est pas le droit, mais la force ; — et il n'y a point de loi contre le droit.

Tout homme doit donc reconnaître la loi de la solidarité ; et, s'il la reconnaît, il doit comprendre qu'en payant l'impôt de garantie, il n'accomplit pas un acte de charité, mais l'obligation du droit sinon celle de la loi.

Et voilà ce qui fait la différence entre l'aumône et l'impôt de garantie.

Le charitable *donne* en sous-entendant très-clairement que celui auquel il donne *n'y a aucun droit*. C'est un acte de gracieuse volonté de sa part.

Le garantiste *paie* à l'association de tous l'*impôt* du faible et du souffrant, du vieillard et de l'enfant, de l'ignorant et de l'incapable.

Le charitable donne pour que Dieu lui donne. Il se dépouille parce que sa loi lui dit que plus il se sera dépouillé, plus il sera enrichi dans un autre monde. Ce n'est pas à cause de leurs souffrances qu'il donne aux faibles et aux pauvres, c'est à cause de son salut : il se rend malheureux pour être heureux dans le ciel.

L'homme qui fait la charité est un marchand et un usurier ; — il vend à Dieu son aumône pour un royaume dans le ciel.

Le garantiste, au contraire, paie non pas dans son intérêt, non pas à cause de lui, mais dans l'intérêt, mais à cause de ses frères. Au lieu de se dire que plus il se rendra malheureux, plus Dieu le fera heureux ; — il dit : Pour que je sois heureux, il faut que personne ne soit malheureux.

Et il laisse la sombre Majesté juger en paix dans ses abîmes ce que pèse un marchand d'aumônes dans la balance des mondes ; — et ce que contient d'amour et de pleurs changés en sourire, le dogme de la Fraternité humaine.

Et il affirme que Dieu a fait comme le maître qui taille de la besogne à son ouvrier pour tout le jour et s'absente. Dieu a donné à l'homme cette tâche : réaliser la fraternité par la solidarité ; — et ce n'est qu'à la fin du jour qu'il viendra pour juger la besogne et payer le salaire.

En attendant, Dieu a mis du pain pour l'homme dans la terre ; il ne s'agit pour le prendre que de se baisser et d'écarter ce qui gêne.

Mais le gouvernement permettrait-il une association de cette nature?

Pourquoi non ? n'a-t-il pas tout intérêt à ce qu'on trouve un moyen quelconque de sortir d'une situation pleine de périls pour lui? N'est-il pas évident qu'il peut prendre l'initiative des réformes, sinon toutes ensemble, successivement au moins? N'a-t-il pas la majorité dans la Chambre, l'armée dans la ville, et les fortifications autour de la ville ?

S'il s'opposait à la naissance d'une telle association, ne serait-ce pas une preuve qu'il entend maintenir les prolétaires dans leur situation désolante? Les hommes du pouvoir actuel auraient-ils résolu d'attendre jusqu'à ce qu'ils sentissent le vent du couperet au-dessus de leurs têtes, pour s'expliquer à quoi rêve la nation?

Au reste, quels que soient les actes du gouvernement, nous qui sommes persuadés que l'avenir appartient au peuple, nous faisons des vœux pour que sa patience se prolonge; car une commotion serait un grand malheur, parce qu'il n'y a pas d'hommes d'État dans le socialisme, pas d'école politique constituée, nous l'avons montré. Et si nous parlions de ces hauteurs de renommée d'où la voix peut retentir, nous supplierions ceux qui aspirent à conduire le peuple de se mettre d'accord sur des bases immédiatement réalisables, et surtout nous supplierions le pouvoir de prendre au plus tôt l'initiative des réformes, car il pourrait arriver, si l'on tarde, que les réformes ne soient plus suffisantes.

Mais enfin si la patience ni le temps, — les supplications ni les avertissements n'obtenaient rien, rien, rien?

Alors il faudra qu'il y ait bataille... Il faudra qu'il y ait des vainqueurs et des vaincus ; des vainqueurs entraînés à l'abus de la force, à la cruauté, par le terrible enivrement de la victoire trop longtemps attendue. Il faudra qu'il y ait des vaincus écrasés sur lesquels on criera : malheur !

Il faudra qu'il y ait des têtes coupées ; il faudra que le sang coule dans les rues, qu'il abreuve les champs, je le sais! je le sais!...

Mais au moins que ce sang ne soit pas inutilement versé pour la liberté dans les ruisseaux ; que ces champs soient fécondés pour le bonheur; que ces vaincus, ces suppliciés, ne le soient qu'après avoir été convaincus trois fois, trois fois, et trois fois encore de leur irrémédiable aveuglement, de leur incurable perversité; et qu'enfin, ces vainqueurs soient assez forts, assez éclairés, assez sûrs d'eux-mêmes pour élever l'arche triomphale qu'attendent les générations à venir.

CONCLUSION.

Jeunes hommes, nés comme nous dans l'abondance, nous vous convions, — car nous sommes plusieurs.

Unissons-nous pour inaugurer la loi de la solidarité réelle.

Associons-nous pour garantir à l'ouvrier qui croira en nous, du travail et du pain ; — au fils de l'ouvrier la clef qui ouvre toute science : le pouvoir de *lire* la déclaration de ses droits, et le pouvoir de *signer* de sa main le pacte social.

Montrons que nous avons d'autres soucis que celui de jouir de la facile existence qu'assure à la plupart d'entre nous la conquête du pouvoir et des richesses accomplie par nos pères.

On dit dans le peuple que tout privilégié est un exploiteur. Protestons contre l'exploitation, afin de mériter d'être absous du privilége.

Le chemin sera rude et plein de ronces, et peut-être bordé de périls. La France s'est arrêtée dans sa course glorieuse et le monde avec elle. Le progrès révolutionnaire s'est affaissé tout à coup : il faut le relever, — dût-il nous écraser dans sa marche.

La crainte du danger nous arrêterait-elle?

Quoi donc, en ce pays de la vertu la plus haute : le courage ! sur cette terre qui sue si énergiquement la vie, chez ce peuple qui sait mourir si joyeusement, n'y aurait-il plus de courage, plus d'énergie, plus de vertu? Les petits-fils des hommes éloquents de 89 et des hommes héroïques de 93 n'auraient-ils point d'éloquence au cœur, point d'héroïsme dans la pensée? seraient-ils si dégénérés que l'histoire dût dire un jour qu'ils ont eu peur, et qu'à choisir d'une gloire immortelle payée cher, ou d'un repos facile mais honteux, ils auraient rejeté la gloire?

Hommes de mon temps, je vous adjure, écoutez-moi : il semble que le serpent de la tradition, l'antique serpent fatal, ait endormi, charmé, pétrifié tout depuis quelques ans.

Arrachons-nous à ce charme funeste qui a brisé, anéanti, réduit à rien la génération qui nous précède.

Secouons la flamme sur ces têtes glacées, afin d'y jeter quelque chaleur.

Frappons de l'idée ces cerveaux creux, ces cerveaux vides, afin qu'on les entende retentir.

Agitons devant ces yeux éteints la tête de Méduse de la terreur, afin qu'il en jaillisse au moins un éclair qui nous prouve qu'ils ne sont pas tout à fait morts.

Heurtons ces poitrines sans souffle, afin qu'il en sorte une parole de vie.

Soyons courageux, soyons forts, soyons violents même s'il le faut; mais je vous en conjure au nom de ce qui doit être notre cri de bataille, notre signe d'alliance, la force de notre pensée, la vertu de nos cœurs, hommes de ce temps,

Soyons frères!

www.ingramcontent.com/pod-product-compliance
Lightning Source LLC
LaVergne TN
LVHW050627090426
835512LV00007B/700